DAMASUS BULLMANN

7. TEIL
PSALMEN
(aus Ps 1–150)

ALTES TESTAMENT – 7. TEIL

PSALMEN

(aus Psalmen 1–150)

DAMASUS BULLMANN

Erlebte Bibel

ICH WILL DEN HERRN ALLEZEIT PREISEN;
IMMER SEI SEIN LOB IN MEINEM MUND.
MEINE SEELE RÜHME SICH DES HERRN;
DIE ARMEN SOLLEN ES HÖREN UND SICH FREUEN.
VERHERRLICHT MIT MIR DEN HERRN,
LASST UNS GEMEINSAM SEINEN NAMEN RÜHMEN.
ICH SUCHTE DEN HERRN, UND ER HAT MICH ERHÖRT,
ER HAT MICH ALL MEINEN ÄNGSTEN ENTRISSEN.
BLICKT AUF ZU IHM, SO WIRD EUER GESICHT LEUCHTEN,
UND IHR BRAUCHT NICHT ZU ERRÖTEN.
DA IST EIN ARMER; ER RIEF, UND DER HERR ERHÖRTE IHN.
ER HALF IHM AUS ALL SEINEN NÖTEN.
DER ENGEL DES HERRN UMSCHIRMT ALLE,
DIE IHN FÜRCHTEN UND EHREN, UND ER BEFREIT SIE.
KOSTET UND SEHT, WIE GÜTIG DER HERR IST;
WOHL DEM, DER SICH ZU IHM FLÜCHTET!

AUS PSALM 34

ÖSTERREICHISCHER KULTURVERLAG

Die Texte der Psalmen
wurden der Einheitsübersetzung der Heiligen Schrift entnommen.
Die Abdruckerlaubnis wurde dankenswerterweise von der Katholischen Bibelanstalt, Stuttgart, erteilt.

Mit Druckerlaubnis des kirchlichen Oberen.

Herausgeber:
Franziskaner-Missions-Verein in Bayern e. V.
Sankt-Anna-Straße 19, 8000 München 22.
Missionsprokurator P. Heribert Neumeier ofm.

Österreichischer Kulturverlag Thaur, Tirol
Druck: Thaurdruck, Giesriegl Ges.m.b.H.,
A-6065 Thaur/Tirol.

ISBN 3-85395-115-7

ZUR EINFÜHRUNG IN DIE PSALMEN

Wie schon die Nachbarvölker der Israeliten, die Ägypter, Mesopotamier und Kanaaniter, so hatte auch das Volk Jahwes von Anfang an eine Dichtung. Wir finden solche Lieddichtungen bereits eingeflochten in den Büchern der Geschichte, denken wir an das Lied des Mose am Schilfmeer nach der Errettung Israels vor den Ägyptern, an das Brunnenlied, Num 21,17–18, das Siegeslied der Debora, Ri 5, die Klage Davids über Saul und Jonatan, 2 Sam 1, bis zu den Preisliedern auf Judas und Simon Makkabäus, 1 Makk 3,3–9; 14,4–8. Auch im Neuen Testament finden wir Lieddichtungen, denken wir an das Magnifikat, Lk 1,46–55, das Benedictus, Lk 1,68–79, und das Nunc dimittis des greisen Simeon, Lk 2,29–32.

Das Psalterium (vom griechischen Wort psalterion) ist eine Sammlung von einhundertfünfzig Psalmen. Es stellt eines der bedeutendsten Bücher der Heiligen Schrift und der gesamten Weltliteratur dar. Das Psalterium wird in fünf Bücher eingeteilt: Ps 1–41; 42–72; 73–89; 90–106; 107–150. Die griechische und lateinische Bibel haben eine leicht abweichende Zählweise der Psalmen. Die heutige Reihenfolge der Psalmen ist höchstwahrscheinlich von ihrem Gebrauch im Synagogengottesdienst her zu verstehen. Man unterscheidet heute folgende Gattungen in den Psalmen: Hymnen, Danklieder, Klagelieder, Bittpsalmen, Wallfahrtslieder, Weisheitslieder und die sogenannten messianischen Psalmen.

Seiner Entstehung nach nimmt das Psalterium eine Sonderstellung unter den Büchern des Alten Testamentes ein. Die Zeit der Entstehung der Psalmen überlagert fast den ganzen Zeitraum der Entstehung des Alten Testamentes. Sicher haben die Psalmen das religiöse Leben des Volkes Gottes während seiner ganzen Geschichte wesentlich mitgestaltet. Das Psalterium gibt uns Kunde, daß die Offenbarung sich nicht als ausschließliches Sprechen und Handeln Jahwes ereignete, sondern daß er sich in seinem auserwählten Volk einen Partner bereitete, der mit in das Entstehen der Offenbarung einbezogen wurde. Jahwe handelt nicht nur an seinem Volk und spricht nicht nur mit ihm, sondern sein Volk spricht und handelt mit und reagiert so auf das göttliche Tun. Aus dem Antwortgeben des Volkes Gottes auf das Wort Jahwes heraus entstanden die Psalmen, sie sind gleichsam die Antwort auf Gottes geoffenbartes Wort.

Zusammenfassend kann man sagen: Die Psalmen waren die Gebete des Volkes Gottes im Alten Testament. Gott selbst hat seinem Volk die Gesinnungen eingegeben, die sie ihm gegenüber haben sollten, und die Worte, deren sie sich bedienen sollten, wenn sie zu ihm beteten. Die Psalmen wurden von unserem Herrn Jesus Christus gebetet, ebenso von der Gottesmutter Maria, den Aposteln und der ersten Kirche. Die neutestamentliche Kirche hat den Psalter unverändert zu ihrem offiziellen liturgischen Gebet gemacht, das durch die Jahrhunderte bis auf den heutigen Tag gebetet wird.

Errege dich nicht über die Bösen,
wegen der Übeltäter ereifere dich nicht!
Denn sie verwelken schnell wie das Gras,
wie grünes Kraut verdorren sie.
Vertrau auf den Herrn und tu das Gute,
bleib wohnen im Land und bewahre Treue!
Freu dich innig am Herrn!
Dann gibt er dir, was dein Herz begehrt.
Befiehl dem Herrn deinen Weg und vertrau ihm;
er wird es fügen.
Sei still vor dem Herrn und harre auf ihn!
Erhitze dich nicht über den Mann, dem alles gelingt,
den Mann, der auf Ränke sinnt.
Besser das Wenige, das der Gerechte besitzt,
als der Überfluß vieler Frevler.
Der Frevler muß borgen und kann nicht bezahlen,
doch freigebig schenkt der Gerechte.
Denn wen der Herr segnet, der wird das Land besitzen,
aber wen er verflucht, der wird ausgetilgt.
Der Herr festigt die Schritte des Mannes,
er hat Gefallen an seinem Weg.
Auch wenn er strauchelt, stürzt er nicht hin;
denn der Herr hält ihn fest an der Hand.
Meide das Böse und tu das Gute,
so bleibst du wohnen für immer.
Denn der Herr liebt das Recht
und verläßt seine Frommen nicht.
Die Rettung der Gerechten kommt vom Herrn,
er ist ihre Zuflucht in Zeiten der Not.
Der Herr hilft ihnen und rettet sie,
er rettet sie vor den Frevlern;
er schenkt ihnen Heil,
denn sie suchen Zuflucht bei ihm.

AUS PSALM 37

Das wahre Glück

Wohl dem Mann, der nicht dem Rat der Frevler folgt,
nicht auf dem Weg der Sünder geht,
nicht im Kreis der Spötter sitzt,
sondern Freude hat an der Weisung des Herrn,
über seine Weisung nachsinnt bei Tag und bei Nacht.
Er ist wie ein Baum, der an Wasserbächen gepflanzt ist,
der zur rechten Zeit seine Frucht bringt
und dessen Blätter nicht welken.
Alles, was er tut,
wird ihm gut gelingen.
Nicht so die Frevler:
Sie sind wie Spreu, die der Wind verweht.
Denn der Herr kennt den Weg der Gerechten,
der Weg der Frevler aber führt in den Abgrund.

PSALM 1,1–4;6

Der König des Herrn

Warum toben die Völker,
warum machen die Nationen vergebliche Pläne?
Die Könige der Erde stehen auf,
die Großen haben sich verbündet
gegen den Herrn und seinen Gesalbten.
„Laßt uns ihre Fesseln zerreißen
und von uns werfen ihre Stricke!"
Doch er, der im Himmel thront, lacht,
der Herr verspottet sie.
Dann aber spricht er zu ihnen im Zorn,
in seinem Grimm wird er sie erschrecken:
„Ich selber habe meinen König eingesetzt
auf Zion, meinem heiligen Berg."
Den Beschluß des Herrn will ich kundtun.
Er sprach zu mir: „Mein Sohn bist du.
Heute habe ich dich gezeugt.
Fordere von mir, und ich gebe dir die Völker zum Erbe,
die Enden der Erde zum Eigentum.
Du wirst sie zerschlagen mit eiserner Keule,
wie Krüge aus Ton wirst du sie zertrümmern."

PSALM 2,1–9

Gnadenstuhl,
kolorierter Holzschnitt,
15. Jahrh.

Freude und Frieden trotz Verleumdung

Wenn ich rufe, erhöre mich,
Gott, du mein Retter!
Du hast mir Raum geschaffen, als mir angst war.
Sei mir gnädig, und hör auf mein Flehen!
Ihr Mächtigen, wie lange noch schmäht ihr meine Ehre,
warum liebt ihr den Schein und sinnt auf Lügen?
Erkennt doch: Wunderbar handelt der Herr an den Frommen;
der Herr erhört mich, wenn ich zu ihm rufe.
Viele sagen: „Wer läßt uns Gutes erleben?"
Herr, laß dein Angesicht über uns leuchten!
Du legst mir größere Freude ins Herz,
als andere haben bei Korn und Wein in Fülle.

PSALM 4,1–4;7–8

Gebet eines Bedrängten

Denn du bist kein Gott, dem das Unrecht gefällt;
der Frevler darf nicht bei dir weilen.
Wer sich brüstet, besteht nicht vor deinen Augen;
denn dein Haß trifft alle, die Böses tun.
Du läßt die Lügner zugrunde gehn,
Mörder und Betrüger sind dem Herrn ein Greuel.
Ich aber darf dein Haus betreten
dank deiner großen Güte.
Ich werfe mich nieder in Ehrfurcht
vor deinem heiligen Tempel.
Leite mich, Herr, in deiner Gerechtigkeit,
meinen Feinden zum Trotz;
ebne deinen Weg vor mir!

PSALM 5,5–9

Gewölbe im Münchener Liebfrauendom

Gottes Hoheit und die Würde des Menschen

Herr, unser Herrscher,
wie gewaltig ist dein Name auf der ganzen Erde;
über den Himmel breitest du deine Hoheit aus.
Was ist der Mensch, daß du an ihn denkst,
des Menschen Kind, daß du sich seiner annimmst?
Du hast ihn nur wenig geringer gemacht als Gott,
hast ihn mit Herrlichkeit und Ehre gekrönt.
Du hast ihn als Herrscher eingesetzt über das Werk deiner Hände,
hast ihm alles zu Füßen gelegt:
All die Schafe, Ziegen und Rinder
und auch die wilden Tiere,
die Vögel des Himmels und die Fische im Meer,
alles, was auf den Pfaden der Meere dahinzieht.

PSALM 8,2;5–9

Kinder
in Gottes Hand

Gott sorgt für das Recht

Ich will dir danken, Herr, aus ganzem Herzen,
verkünden will ich all deine Wunder.
Ich will jauchzen und an dir mich freuen,
für dich, du Höchster, will ich singen und spielen.
Du hast die Völker bedroht, die Frevler vernichtet,
ihren Namen gelöscht für immer und ewig.
Der Herr aber thront für ewig;
er stellt seinen Thron auf zum Gericht.
Er richtet den Erdkreis gerecht,
er spricht den Völkern das Urteil, das sie verdienen.
So wird der Herr für den Bedrückten zur Burg,
zur Burg in Zeiten der Not.
Darum vertraut dir, wer deinen Namen kennt;
denn du, Herr, verläßt keinen, der dich sucht.
Singt dem Herrn, der thront auf dem Zion,
verkündet unter den Völkern seine Taten!
Denn er, der jede Blutschuld rächt, denkt an die Armen,
und ihren Notschrei vergißt er nicht.
Völker versanken in der Grube, die sie selbst gegraben;
im Netz, das sie heimlich gelegt,
hat ihr Fuß sich verfangen.
Doch der Arme ist nicht auf ewig vergessen,
des Elenden Hoffnung ist nicht für immer verloren.

PSALM 9,2–3;6;8–13;16;19

Altarfenster in
St. Kolumban in Köln

Warum greift Gott nicht ein?

Herr, warum bleibst du so fern,
verbirgst dich in Zeiten der Not?
In seinem Hochmut quält der Frevler die Armen.
Er soll sich fangen in den Ränken, die er selbst ersonnen hat.
Denn der Frevler rühmt sich nach Herzenslust,
er raubt, er lästert und verachtet den Herrn.
Überheblich sagt der Frevler: „Gott straft nicht. Es gibt keinen Gott."
So ist sein ganzes Denken.
Sein Mund ist voll Fluch und Trug und Gewalttat;
auf seiner Zunge sind Verderben und Unheil.
Er liegt auf der Lauer in den Gehöften
und will den Schuldlosen heimlich ermorden;
seine Augen spähen aus nach dem Armen.
Du siehst es ja selbst;
denn du schaust auf Unheil und Kummer.
Der Schwache vertraut sich dir an;
du bist den Verwaisten ein Helfer.

PSALM 10,1–4;7–8;14

Christus vor Pilatus
Kreuzweg in St. Vinzenz, Erding-Klettham

Der Rechtschaffene wankt nicht

Der makellos lebt und das Rechte tut;
der von Herzen die Wahrheit sagt
und mit seiner Zunge nicht verleumdet;
der seinem Freund nichts Böses antut
und seinen Nächsten nicht schmäht;
der den Verworfenen verachtet,
doch alle, die den Herrn fürchten, in Ehren hält;
der sein Versprechen nicht ändert,
das er seinem Nächsten geschworen hat;
der sein Geld nicht auf Wucher ausleiht
und nicht zum Nachteil des Schuldlosen Bestechung annimmt.
Wer sich danach richtet,
der wird niemals wanken.

PSALM 15,2–5

Die weinenden Frauen,
Kreuzweg in St. Vinzenz, Erding-Klettham

Du zeigst mir den Weg zum Leben

Behüte mich, Gott, denn ich vertraue dir.
Ich sage zum Herrn: „Du bist mein Herr;
mein ganzes Glück bist du allein."
Du, Herr, gibst mir das Erbe und reichst mir den Becher;
du hältst mein Los in deinen Händen.
Ich preise den Herrn, der mich beraten hat.
Auch mahnt mich mein Herz in der Nacht.
Ich habe den Herrn beständig vor Augen.
Er steht mir zur Rechten, ich wanke nicht.
Darum freut sich mein Herz und frohlockt meine Seele;
auch mein Leib wird wohnen in Sicherheit.
Denn du gibst mich nicht der Unterwelt preis;
du läßt deinen Frommen das Grab nicht schauen.
Du zeigst mir den Pfad zum Leben.
Vor deinem Angesicht herrscht Freude in Fülle,
zu deiner Rechten Wonne für alle Zeit.

PSALM 16,1–2;5;7–11

Glarner Alpen, Schweiz

Gebet eines unschuldig Verfolgten

Höre, Herr, die gerechte Sache, achte auf mein Flehen,
vernimm mein Gebet von Lippen ohne Falsch!
Von deinem Angesicht ergehe mein Urteil;
denn deine Augen sehen, was recht ist.
Prüfst du mein Herz,
suchst du mich heim in der Nacht und erprobst mich,
dann findest du an mir kein Unrecht.
Auf dem Weg deiner Gebote gehn meine Schritte,
meine Füße wanken nicht auf deinen Pfaden.
Ich rufe dich an, denn du, Gott, erhörst mich.
Wende dein Ohr mir zu, vernimm meine Rede!
Wunderbar erweise deine Huld!
Du rettest alle, die sich an deiner Rechten vor den Feinden bergen.
Behüte mich wie den Augapfel, den Stern des Auges,
birg mich im Schatten deiner Flügel
vor den Frevlern, die mich hart bedrängen,
vor den Feinden, die mich wütend umringen.
Ich aber will in Gerechtigkeit dein Angesicht schauen,
mich satt sehen an deiner Gestalt, wenn ich erwache.

PSALM 17,1–3;6–7;8b;9–15

Sonnenuntergang im Schwarzwald

Dank für Gottes Hilfe

Ich will dich rühmen, Herr, meine Stärke,
Herr, du mein Fels, meine Burg, mein Retter,
mein Gott, meine Feste, in der ich mich berge,
mein Schild und sicheres Heil, meine Zuflucht.
Ich rufe: „Der Herr sei gepriesen!"
Und ich werde vor meinen Feinden gerettet.
Mich umfingen die Fesseln des Todes,
mich erschreckten die Fluten des Verderbens.
Die Bande der Unterwelt umstrickten mich,
über mich fielen die Schlingen des Todes.
In meiner Not rief ich zum Herrn
und schrie zu meinem Gott.
Aus seinem Heiligtum hörte er mein Rufen,
mein Hilfeschrei drang an sein Ohr.
Er führte mich hinaus ins Weite,
er befreite mich, denn er hatte an mir Gefallen.

PSALM 18,2–7;20

Abendliche
Föhnstimmung in der Nähe
von Landshut

Gottes Größe in der Schöpfung und in seinem Gesetz

Die Himmel rühmen die Herrlichkeit Gottes,
vom Werk seiner Hände kündet das Firmament.
Ein Tag sagt es dem andern,
eine Nacht tut es der andern kund,
ohne Worte und ohne Reden,
unhörbar bleibt ihre Stimme.
Doch ihre Botschaft geht in die ganze Welt hinaus,
ihre Kunde bis zu den Enden der Erde.
Die Weisung des Herrn ist vollkommen,
sie erquickt den Menschen.
Das Gesetz des Herrn ist verläßlich,
den Unwissenden macht es weise.
Die Befehle des Herrn sind richtig,
sie erfreuen das Herz;
das Gebot des Herrn ist lauter,
es erleuchtet die Augen.
Die Furcht des Herrn ist rein,
sie besteht für immer.
Die Urteile des Herrn sind wahr,
gerecht sind sie alle.

PSALM 19,2–5;8–10

Rettung aus äußerster Verlassenheit

Mein Gott, mein Gott, warum hast du mich verlassen?
Alle, die mich sehen, verlachen mich,
verziehen die Lippen, schütteln den Kopf:
„Er wälze die Last auf den Herrn,
der soll ihn befreien!
Der reiße ihn heraus,
wenn er an ihm Gefallen hat."
Viele Hunde umlagern mich,
eine Rotte von Bösen umkreist mich.
Sie durchbohren mir Hände und Füße.
Man kann all meine Knochen zählen;
sie gaffen und weiden sich an mir.
Sie verteilen unter sich meine Kleider
und werfen das Los um mein Gewand.
Du aber, Herr, halte dich nicht fern!
Du, meine Stärke, eil mir zu Hilfe!
Ich will deinen Namen meinen Brüdern verkünden,
inmitten der Gemeinde dich preisen.
Die ihr den Herrn fürchtet, preist ihn,
ihr alle vom Stamm Jakobs, rühmt ihn;
erschauert alle vor ihm, ihr Nachkommen Israels!

PSALM 22a;8–9;17–20;23–24

Sonnenuntergang in den Dolomiten

Du bist mein Hirte

Der Herr ist mein Hirte,
nichts wird mir fehlen.
Er läßt mich lagern auf grünen Auen
und führt mich zum Ruheplatz am Wasser.
Er stillt mein Verlangen;
er leitet mich auf rechten Pfaden, treu seinem Namen.
Muß ich auch wandern in finsterer Schlucht,
ich fürchte kein Unheil;
denn du bist bei mir,
dein Stock und dein Stab geben mir Zuversicht.
Du deckst mir den Tisch
vor den Augen meiner Feinde.
Du salbst mein Haupt mit Öl,
du füllst mir reichlich den Becher.
Lauter Güte und Huld werden mir folgen mein Leben lang,
und im Haus des Herrn darf ich wohnen für lange Zeit.

PSALM 23,1–6

Schafherde am Fuße des Feldberges, Schwarzwald

Einzug ins Heiligtum

Dem Herrn gehört die Erde und was sie erfüllt,
der Erdkreis und seine Bewohner.
Denn er hat ihn auf Meere gegründet,
ihn über Strömen befestigt.
Wer darf hinaufziehn zum Berg des Herrn,
wer darf stehn an seiner heiligen Stätte?
Der reine Hände hat und ein lauteres Herz,
der nicht betrügt und keinen Meineid schwört.
Er wird Segen empfangen vom Herrn
und Heil von Gott, seinem Helfer.
Das sind die Menschen, die nach ihm fragen,
die dein Antlitz suchen, Gott Jakobs.

PSALM 24,1–6

Gebet eines Unschuldigen

Ich wasche meine Hände in Unschuld;
ich umschreite, Herr, deinen Altar,
um laut dein Lob zu verkünden
und all deine Wunder zu erzählen.
Herr, ich liebe den Ort, wo dein Tempel steht,
die Stätte, wo deine Herrlichkeit wohnt.
Raff mich nicht hinweg mit den Sündern,
nimm mir nicht das Leben zusammen mit dem der Mörder!
An ihren Händen klebt Schandtat,
ihre Rechte ist voll von Bestechung.
Ich aber gehe meinen Weg ohne Schuld.
Erlöse mich, und sei mir gnädig!
Mein Fuß steht auf festem Grund.
Den Herrn will ich preisen in der Gemeinde.

PSALM 26,6–12

Ostergottesdienst des Papstes auf dem Petersplatz

Geborgen bei Gott

Der Herr ist mein Licht und mein Heil:
Vor wem sollte ich mich fürchten?
Der Herr ist die Kraft meines Lebens:
Vor wem sollte mir bangen?
Mag ein Heer mich belagern:
Mein Herz wird nicht verzagen.
Mag Krieg gegen mich toben:
Ich bleibe dennoch voll Zuversicht.
Denn er birgt mich in seinem Haus
am Tage des Unheils;
er beschirmt mich im Schutz seines Zeltes,
er hebt mich auf einen Felsen empor.
Vernimm, o Herr, mein lautes Rufen;
sei mir gnädig und erhöre mich!
Mein Herz denkt an dein Wort: „Sucht mein Angesicht!"
Dein Angesicht, Herr, will ich suchen.

PSALM 27,1;3;5;7–8

Ich verlasse mich auf dich, Herr!

Sei mir ein schützender Fels,
eine feste Burg, die mich rettet.
Denn du bist mein Fels und meine Burg;
um deines Namens willen wirst du mich führen und leiten.
In deine Hände lege ich voll Vertrauen meinen Geist;
du hast mich erlöst, Herr, du treuer Gott.
Ich will jubeln und über deine Huld mich freuen;
denn du hast mein Elend angesehn,
du bist mit meiner Not vertraut.
In deiner Hand liegt mein Geschick;
entreiß mich der Hand meiner Feinde und Verfolger!
Laß dein Angesicht leuchten über deinem Knecht,
hilf mir in deiner Güte!

PSALM 31,3b–4;6;8;16–17

Der Schöpfer der Welt schützt sein Volk

Ihr Gerechten, jubelt vor dem Herrn;
für die Frommen ziemt es sich, Gott zu loben.
Preist den Herrn mit der Zither,
spielt für ihn auf der zehnsaitigen Harfe!
Denn das Wort des Herrn ist wahrhaftig,
all sein Tun ist verläßlich.
Er liebt Gerechtigkeit und Recht,
die Erde ist erfüllt von der Huld des Herrn.
Doch das Auge des Herrn ruht auf allen,
die ihn fürchten und ehren,
die nach seiner Güte ausschaun;
denn er will sie dem Tod entreißen
und in der Hungersnot ihr Leben erhalten.

PSALM 33,1–2;4–5;18–19

Von Ängsten befreit

Ich will den Herrn allezeit preisen;
immer sei sein Lob in meinem Mund.
Meine Seele rühme sich des Herrn;
die Armen sollen es hören und sich freuen.
Verherrlicht mit mir den Herrn,
laßt uns gemeinsam seinen Namen rühmen.
Ich suchte den Herrn, und er hat mich erhört,
er hat mich all meinen Ängsten entrissen.
Blickt auf zu ihm, so wird euer Gesicht leuchten,
und ihr braucht nicht zu erröten.
Da ist ein Armer; er rief, und der Herr erhörte ihn.
Er half ihm aus all seinen Nöten.
Der Engel des Herrn umschirmt alle, die ihn fürchten und ehren,
und er befreit sie.
Kostet und seht, wie gütig der Herr ist;
wohl dem, der zu ihm sich flüchtet!

PSALM 34,2–9

Dank und Gelöbnis

Ich hoffte, ja ich hoffte auf den Herrn.
Da neigte er sich mir zu und hörte mein Schreien.
Er legte mir ein neues Lied in den Mund,
einen Lobgesang auf ihn, unsern Gott.
An Schlacht- und Speiseopfern hast du kein Gefallen,
Brand- und Sündopfer forderst du nicht.
Doch das Gehör hast du mir eingepflanzt;
darum sage ich: „Ja, ich komme."
In dieser Schriftrolle steht, was an mir geschehen ist.
Deinen Willen zu tun, mein Gott, macht mir Freude,
deine Weisung trag' ich im Herzen.
Gerechtigkeit verkünde ich in großer Gemeinde,
meine Lippen verschließe ich nicht; Herr, du weißt es.

PSALM 40,2;4;7–10

Thorarolle in
hölzernem Gehäuse
mit Silberbeschlägen
verziert.

Sehnsucht nach dem lebendigen Gott

Wie der Hirsch lechzt nach frischem Wasser,
so lechzt meine Seele, Gott, nach dir.
Meine Seele dürstet nach Gott, nach dem lebendigen Gott.
Wann darf ich kommen und Gottes Antlitz schauen?
Bei Tag schenke der Herr seine Huld;
ich singe ihm nachts und flehe zum Gott meines Lebens.
Ich sage zu Gott, meinem Fels:
„Warum hast du mich vergessen?
Warum muß ich trauernd umhergehen, von meinem Feind bedrängt?"
Wie ein Stechen in meinen Gliedern ist für mich der Hohn der Bedränger;
denn sie rufen mir ständig zu:
„Wo ist nun dein Gott?"
Meine Seele, warum bist du betrübt
und bist so unruhig in mir?
Harre auf Gott, denn ich werde ihm noch danken,
meinem Gott und Retter, auf den ich schaue.

PSALM 42,2–3;9–12

Wasserfall bei
Freudenstadt
Schwarzwald

Gott ist bei uns

Gott ist uns Zuflucht und Stärke,
ein bewährter Helfer in allen Nöten.
Darum fürchten wir uns nicht, wenn die Erde auch wankt,
wenn Berge stürzen in die Tiefe des Meeres.
Die Wasser eines Stromes erquicken die Gottesstadt,
des Höchsten heilige Wohnung.
Gott ist in ihrer Mitte, darum wird sie niemals wanken;
Gott hilft ihr, wenn der Morgen anbricht.
Der Herr der Heerscharen ist mit uns,
der Gott Jakobs ist unsre Burg.
Kommt und schaut die Taten des Herrn,
der Furchtbares vollbringt auf der Erde.

PSALM 46,2–3;5–6;8–9

Ausbruch des Ätna, Sizilien

Bitte um Vergebung der Schuld

Gott, sei mir gnädig nach deiner Huld,
tilge meine Frevel nach deinem reichen Erbarmen!
Wasch meine Schuld von mir ab,
und mach mich rein von meiner Sünde!
Denn ich erkenne meine bösen Taten,
meine Sünde steht mir immer vor Augen.
Gegen dich allein habe ich gesündigt,
ich habe getan, was dir mißfällt.
So behältst du recht in deinem Urteil,
rein stehst du da als Richter.
Denn ich bin in Schuld geboren;
in Sünde hat mich meine Mutter empfangen.
Sättige mich mit Entzücken und Freude!
Jubeln sollen die Glieder, die du zerschlagen hast.
Verbirg dein Gesicht vor meinen Sünden,
tilge all meine Frevel!

PSALM 51,3–7;10–11

Portal Notre Dame
Paris

Burg Kipfenberg
im Altmühltal

Bei Gott finde ich Ruhe

Bei Gott allein kommt meine Seele zur Ruhe,
von ihm kommt mir Hilfe.
Nur er ist mein Fels, meine Hilfe, meine Burg;
darum werde ich nicht wanken.
Bei Gott allein kommt meine Seele zur Ruhe;
denn von ihm kommt meine Hoffnung.
Nur er ist mein Fels, meine Hilfe, meine Burg;
darum werde ich nicht wanken.
Bei Gott ist mein Heil, meine Ehre;
Gott ist mein schützender Fels, meine Zuflucht.
Vertrau ihm, Volk Gottes, zu jeder Zeit!
Schüttet euer Herz vor ihm aus!
Denn Gott ist unsere Zuflucht.

PSALM 62,2–3;6–9

Notre Dame – Paris,
Seitenansicht von
der Seine aus

Sehnsucht nach Gemeinschaft mit Gott

Gott, du mein Gott, dich suche ich,
meine Seele dürstet nach dir.
Nach dir schmachtet mein Leib
wie dürres, lechzendes Land ohne Wasser.
Darum halte ich Ausschau nach dir im Heiligtum,
um deine Macht und Herrlichkeit zu sehen.
Denn deine Huld ist besser als das Leben;
darum preisen dich meine Lippen.
Ich will dich rühmen mein Leben lang,
in deinem Namen die Hände erheben.
Wie an Fett und Mark wird satt meine Seele,
mit jubelnden Lippen soll mein Mund dich preisen.
Ich denke an dich auf nächtlichem Lager
und sinne über dich nach, wenn ich wache.
Ja, du wurdest meine Hilfe;
jubeln kann ich im Schatten deiner Flügel.

PSALM 63,2–8

Ein Danklied für Gottes Hilfe

Jauchzt vor Gott, alle Länder der Erde!
Spielt zum Ruhm seines Namens!
Verherrlicht ihn mit Lobpreis!
Sagt zu Gott: „Wie ehrfurchtgebietend sind deine Taten;
vor deiner gewaltigen Macht müssen die Feinde sich beugen."
Kommt und seht die Taten Gottes!
Staunenswert ist sein Tun an den Menschen.
Ihr alle, die ihr Gott fürchtet, kommt und hört;
ich will euch erzählen, was er mir Gutes getan hat.
Zu ihm hatte ich mit lauter Stimme gerufen,
und schon konnte mein Mund ihn preisen.
Gepriesen sei Gott; denn er hat mein Gebet nicht verworfen
und mir seine Huld nicht entzogen.

PSALM 66,1–3;5;16–17;20

Alter Tiroler Bauer
im Grödner Tal

Bitte um Schutz im Alter

Herr, ich suche Zuflucht bei dir.
Laß mich doch niemals scheitern!
Reiß mich heraus und rette mich in deiner Gerechtigkeit,
wende dein Ohr mir zu und hilf mir!
Sei mir ein sicherer Hort,
zu dem ich allzeit kommen darf.
Du hast mir versprochen zu helfen;
denn du bist mein Fels und meine Burg.
Mein Gott, rette mich aus der Hand des Frevlers,
aus der Faust des Bedrückers und Schurken!
Herr, mein Gott, du bist ja meine Zuversicht,
meine Hoffnung von Jugend auf.
Vom Mutterleib an stütze ich mich auf dich,
vom Mutterschoß an bist du mein Beschützer;
dir gilt mein Lobpreis allezeit.
Mein Mund soll von deiner Gerechtigkeit künden
und von deinen Wohltaten sprechen den ganzen Tag;
denn ich kann sie nicht zählen.
Gott, du hast mich gelehrt von Jugend auf,
und noch heute verkünde ich dein wunderbares Walten.

PSALM 71,1–6;15;17

Trost in verzweifelter Lage

Ich denke an die Taten des Herrn,
ich will denken an deine früheren Wunder.
Ich erwäge all deine Werke
und will nachsinnen über deine Taten.
Gott, dein Weg ist heilig.
Wo ist ein Gott, so groß wie unser Gott?
Du allein bist der Gott, der Wunder tut,
du hast deine Macht den Völkern kundgetan.
Du hast mit starkem Arm dein Volk erlöst,
die Kinder Jakobs und Josefs.
Du führtest dein Volk wie eine Herde
durch die Hand von Mose und Aaron.

PSALM 77,12–16;21

Festjubel und Gehorsam

Stimmt an den Gesang, schlagt die Pauke,
die liebliche Laute, dazu die Harfe!
Stoßt in die Posaune am Neumond
und zum Vollmond, am Tag unsres Festes!
Denn das ist Satzung für Israel,
Entscheid des Gottes Jakobs.
Das hat er als Gesetz für Josef erlassen,
als Gott gegen Ägypten auszog.
Eine Stimme höre ich, die ich noch nie vernahm:
Seine Schulter hab' ich von der Bürde befreit,
seine Hände kamen los vom Lastkorb.
Du riefst in der Not,
und ich riß dich heraus;
ich habe dich aus dem Gewölk des Donners erhört,
an den Wassern von Meríba geprüft.
Für dich gibt es keinen andern Gott.
Du sollst keinen fremden Gott anbeten.
Ich bin der Herr, dein Gott,
der dich heraufgeführt hat aus Ägypten.
Tu deinen Mund auf! Ich will ihn füllen.

PSALM 81,3–8;10–11

Das Rosenfenster in
der Wallfahrtskirche
Neviges

Sehnsucht nach dem Tempel des Herrn

Wie liebenswert ist deine Wohnung, Herr der Heerscharen!
Meine Seele verzehrt sich in Sehnsucht
nach dem Tempel des Herrn.
Mein Herz und mein Leib jauchzen ihm zu,
ihm, dem lebendigen Gott.
Auch der Sperling findet ein Haus
und die Schwalbe ein Nest für ihre Jungen –
deine Altäre, Herr der Heerscharen, mein Gott und mein König.
Wohl denen, die wohnen in deinem Haus,
die dich allezeit loben.
Gott, sieh her auf unsern Schild,
schau auf das Antlitz deines Gesalbten!
Denn ein einziger Tag in den Vorhöfen deines Heiligtums
ist besser als tausend andere.

PSALM 84,2–5;10–11

Rosettenfenster in
Notre Dame – Paris

Hilferuf in großer Not

Du bist mein Gott. Sei mir gnädig, o Herr!
Den ganzen Tag rufe ich zu dir.
Herr, erfreue deinen Knecht;
denn ich erhebe meine Seele zu dir.
Herr, du bist gütig und bereit zu verzeihen,
für alle, die zu dir rufen, reich an Gnade.
Herr, vernimm mein Beten,
achte auf mein lautes Flehen!
Alle Völker kommen und beten dich an,
sie geben, Herr, deinem Namen die Ehre.
Denn du bist groß und tust Wunder;
du allein bist Gott.

PSALM 86,3–6;9–10

Der ewige Gott – der vergängliche Mensch

Du läßt die Menschen zurückkehren zum Staub
und sprichst: „Kommt wieder, ihr Menschen!“
Denn tausend Jahre sind für dich
wie der Tag, der gestern vergangen ist,
wie eine Wache in der Nacht.
Von Jahr zu Jahr säst du die Menschen aus;
sie gleichen dem sprossenden Gras.
Am Morgen grünt es und blüht,
am Abend wird es geschnitten und welkt.
Unsere Tage zu zählen, lehre uns!
Dann gewinnen wir ein weises Herz.
Herr, wende dich uns doch endlich zu!
Hab Mitleid mit deinen Knechten!
Sättige uns am Morgen mit deiner Huld!
Dann wollen wir jubeln und uns freuen all unsre Tage.
Es komme über uns die Güte des Herrn, unsres Gottes.
Laß das Werk unsrer Hände gedeihen,
ja, laß gedeihen das Werk unsrer Hände!

PSALM 90,3–6;12–14;17

Unter Gottes Schutz

Wer im Schutz des Höchsten wohnt
und ruht im Schatten des Allmächtigen,
der sagt zum Herrn: „Du bist für mich Zuflucht und Burg,
mein Gott, dem ich vertraue."
Er rettet dich aus der Schlinge des Jägers
und aus allem Verderben.
Er beschirmt dich mit seinen Flügeln,
unter seinen Schwingen findest du Zuflucht,
Schild und Schutz ist dir seine Treue.
Du brauchst dich vor dem Schrecken der Nacht nicht zu fürchten,
noch vor dem Pfeil, der am Tag dahinfliegt,
nicht vor der Pest, die im Finstern schleicht,
vor der Seuche, die wütet am Mittag.
Dir begegnet kein Unheil,
kein Unglück naht deinem Zelt.
Denn er befiehlt seinen Engeln,
dich zu behüten auf all deinen Wegen.

Psalm 91,1–6;10–11

Tiroler Mädchen im
Sonntagsgewand

Loblied auf die Treue Gottes

Wie schön ist es, dem Herrn zu danken,
deinem Namen, du Höchster, zu singen,
am Morgen deine Huld zu verkünden
und in den Nächten deine Treue
zur zehnsaitigen Laute, zur Harfe,
zum Klang der Zither.
Denn du hast mich durch deine Taten froh gemacht;
Herr, ich will jubeln über die Werke deiner Hände.
Wie groß sind deine Werke, o Herr,
wie tief deine Gedanken!
Ein Mensch ohne Einsicht erkennt das nicht,
ein Tor kann es nicht verstehen.
Der Gerechte gedeiht wie die Palme,
er wächst wie die Zedern des Libanon.
Gepflanzt im Hause des Herrn,
gedeihen sie in den Vorhöfen unseres Gottes.
Sie tragen Frucht noch im Alter
und bleiben voll Saft und Frische;
sie verkünden: Gerecht ist der Herr;
mein Fels ist er, an ihm ist kein Unrecht.

PSALM 92,2–7;13–16

Der Herr, König und Richter aller Welt

Singet dem Herrn ein neues Lied,
singt dem Herrn, alle Länder der Erde!
Singt dem Herrn und preist seinen Namen,
verkündet sein Heil von Tag zu Tag!
Erzählt bei den Völkern von seiner Herrlichkeit,
bei allen Nationen von seinen Wundern!
Denn groß ist der Herr und hoch zu preisen,
mehr zu fürchten als alle Götter.
Alle Götter der Heiden sind nichtig,
der Herr aber hat den Himmel geschaffen.
Der Himmel freue sich, die Erde frohlocke,
es brause das Meer und alles, was es erfüllt.
Es jauchze die Flur und was auf ihr wächst.
Jubeln sollen alle Bäume des Waldes
vor dem Herrn, wenn er kommt,
wenn er kommt, um die Erde zu richten.
Er richtet den Erdkreis gerecht
und die Nationen nach seiner Treue.

PSALM 96,1–5;11–13

Ein Loblied auf den gütigen Gott

Lobe den Herrn, meine Seele,
und alles in mir seinen heiligen Namen!
Lobe den Herrn, meine Seele,
und vergiß nicht, was er dir Gutes getan hat:
der dir all deine Schuld vergibt
und all deine Gebrechen heilt,
der dein Leben vor dem Untergang rettet
und dich mit Huld und Erbarmen krönt.
Der Herr ist barmherzig und gnädig,
langmütig und reich an Güte.
Er wird nicht immer zürnen,
nicht ewig im Groll verharren.
Wie ein Vater sich seiner Kinder erbarmt,
so erbarmt sich der Herr über alle, die ihn fürchten.
Denn er weiß, was wir für Gebilde sind;
er denkt daran: Wir sind nur Staub.
Doch die Huld des Herrn währt immer und ewig
für alle, die ihn fürchten und ehren;
sein Heil erfahren noch Kinder und Enkel;
alle, die seinen Bund bewahren,
an seine Gebote denken und danach handeln.

PSALM 103,1–4;8–9;13–14;17–18

Ein Loblied auf den Schöpfer

Lobe den Herrn, meine Seele!
Herr, mein Gott, wie groß bist du!
Du bist mit Hoheit und Pracht bekleidet.
Du hüllst dich in Licht wie in ein Kleid,
du spannst den Himmel aus wie ein Zelt.
Du verankerst die Balken deiner Wohnung im Wasser.
Du nimmst dir die Wolken zum Wagen,
du fährst einher auf den Flügeln des Sturmes.
Du machst dir die Winde zu Boten
und lodernde Feuer zu deinen Dienern.
Du läßt die Quellen hervorsprudeln in den Tälern,
sie eilen zwischen den Bergen dahin.
Allen Tieren des Feldes spenden sie Trank,
die Wildesel stillen ihren Durst daraus.
An den Ufern wohnen die Vögel des Himmels,
aus den Zweigen erklingt ihr Gesang.
Du tränkst die Berge aus deinen Kammern,
aus deinen Wolken wird die Erde satt.

PSALM 104 (I),1–4;10–13

Du läßt Gras wachsen für das Vieh,
auch Pflanzen für den Menschen, die er anbaut,
damit er Brot gewinnt von der Erde
und Wein, der das Herz des Menschen erfreut,
damit sein Gesicht von Öl erglänzt
und Brot das Menschenherz stärkt.
Die Bäume des Herrn trinken sich satt,
die Zedern des Libanon, die er gepflanzt hat.
In ihnen bauen die Vögel ihr Nest,
auf den Zypressen nistet der Storch.
Die hohen Berge gehören dem Steinbock,
dem Klippdachs bieten die Felsen Zuflucht.
Du hast den Mond gemacht als Maß für die Zeiten,
die Sonne weiß, wann sie untergeht.
Du sendest Finsternis, und es wird Nacht,
dann regen sich alle Tiere des Waldes.
Die jungen Löwen brüllen nach Beute,
sie verlangen von Gott ihre Nahrung.
Strahlt die Sonne dann auf, so schleichen sie heim
und lagern sich in ihren Verstecken.
Nun geht der Mensch hinaus an sein Tagwerk,
an seine Arbeit bis zum Abend.

PSALM 104 (II),14–23

Herr, wie zahlreich sind deine Werke!
Mit Weisheit hast du sie alle gemacht,
die Erde ist voll von deinen Geschöpfen.
Da ist das Meer, so groß und weit,
darin ein Gewimmel ohne Zahl: kleine und große Tiere.
Dort ziehen die Schiffe dahin,
auch der Levíatan, den du geformt hast,
um mit ihm zu spielen.
Sie alle warten auf dich,
daß du ihnen Speise gibst zur rechten Zeit.
Gibst du ihnen, dann sammeln sie ein;
öffnest du deine Hand, werden sie satt an Gutem.
Verbirgst du dein Gesicht, sind sie verstört;
nimmst du ihnen den Atem, so schwinden sie hin
und kehren zurück zum Staub der Erde.
Sendest du deinen Geist aus, so werden sie alle erschaffen,
und du erneuerst das Antlitz der Erde.
Ich will dem Herrn singen, solange ich lebe,
will meinem Gott spielen, solange ich da bin.
Möge ihm mein Dichten gefallen.
Ich will mich freuen am Herrn.
Lobe den Herrn, meine Seele!
Halleluja!

PSALM 104 (III),24–30;33–34;35b

Z1304

Romanischer Christus,
geschnitzt im Grödental

Der priesterliche König

So spricht der Herr zu meinem Herrn:
„Setze dich mir zur Rechten,
und ich lege dir meine Feinde als Schemel unter die Füße."
Von Zion strecke der Herr das Zepter seiner Macht aus:
„Herrsche inmitten deiner Feinde!"
Dein ist die Herrschaft am Tage deiner Macht,
wenn du erscheinst in heiligem Schmuck;
ich habe dich gezeugt noch vor dem Morgenstern,
wie den Tau in der Frühe.
Der Herr hat geschworen, und nie wird's ihn reuen:
„Du bist Priester auf ewig nach der Ordnung Melchisedeks."
Der Herr steht dir zur Seite;
er zerschmettert Könige am Tage seines Zornes.

PSALM 110,1–5

Ein Preislied auf die Wundertaten des Herrn

Halleluja!
Den Herrn will ich preisen von ganzem Herzen
im Kreis der Frommen, inmitten der Gemeinde.
Groß sind die Werke des Herrn,
kostbar allen, die sich an ihnen freuen.
Er waltet in Hoheit und Pracht,
seine Gerechtigkeit hat Bestand für immer.
Er hat ein Gedächtnis an seine Wunder gestiftet,
der Herr ist gnädig und barmherzig.
Die Werke seiner Hände sind gerecht und beständig,
all seine Gebote sind verläßlich.
Sie stehen fest für immer und ewig,
geschaffen in Treue und Redlichkeit.

PSALM 111,1–4;7–8

Protea im Botanischen Garten in Kapstadt

Gelbe Lupinen im
Bot. Garten München

Allein Jahwe gebührt die Ehre

Nicht uns, o Herr, bring zu Ehren,
nicht uns, sondern deinen Namen,
in deiner Huld und Treue!
Warum sollen die Völker sagen:
„Wo ist denn ihr Gott?"
Unser Gott ist im Himmel;
alles, was ihm gefällt, das vollbringt er.
Die Götzen der Völker sind nur Silber und Gold,
ein Machwerk von Menschenhand.
Seid gesegnet vom Herrn,
der Himmel und Erde gemacht hat.
Der Himmel ist der Himmel des Herrn,
die Erde aber gab er den Menschen.

PSALM 115,1–4;15–16

Der Herr ist bei dir

Ich hebe meine Augen auf zu den Bergen:
Woher kommt mir Hilfe?
Meine Hilfe kommt vom Herrn,
der Himmel und Erde gemacht hat.
Er läßt deinen Fuß nicht wanken;
er, der dich behütet, schläft nicht.
Nein, der Hüter Israels
schläft und schlummert nicht.
Der Herr ist dein Hüter, der Herr gibt dir Schatten;
er steht dir zur Seite.
Bei Tag wird dir die Sonne nicht schaden
noch der Mond in der Nacht.
Der Herr behüte dich vor allem Bösen,
er behüte dein Leben.
Der Herr behüte dich,
wenn du fortgehst und wiederkommst,
von nun an bis in Ewigkeit.

PSALM 121,1–8

Der Rakaposchi, 7.788 Meter hoch,
im Vordergrund des Hunza Tal, Pakistan

Wallfahrtslied nach Jerusalem

Ich freute mich, als man mir sagte:
„Zum Haus des Herrn wollen wir pilgern."
Schon stehen wir in deinen Toren, Jerusalem:
Jerusalem, du starke Stadt,
dicht gebaut und fest gefügt.
Dorthin ziehen die Stämme hinauf, die Stämme des Herrn,
wie es in Israel geboten ist,
den Namen des Herrn zu preisen.
Denn dort stehen Throne bereit für das Gericht,
die Throne des Hauses David.
Erbittet für Jerusalem Frieden!
Wer dich liebt, sei in dir geborgen.
Friede wohne in deinen Mauern,
in deinen Häusern Geborgenheit.
Wegen meiner Brüder und Freunde
will ich sagen: „In dir sei Friede."
Wegen des Hauses des Herrn, unseres Gottes,
will ich dir Glück erflehen.

PSALM 122,1–9

Bitte aus tiefster Not

Aus der Tiefe rufe ich, Herr, zu dir:
Herr, höre meine Stimme!
Wende dein Ohr mir zu,
achte auf mein lautes Flehen!
Würdest du, Herr, unsere Sünden beachten,
Herr, wer könnte bestehen?
Doch bei dir ist Vergebung,
damit man in Ehrfurcht dir dient.
Ich hoffe auf den Herrn, es hofft meine Seele,
ich warte voll Vertrauen auf sein Wort.
Meine Seele wartet auf den Herrn
mehr als die Wächter auf den Morgen.
Mehr als die Wächter auf den Morgen
soll Israel harren auf den Herrn.
Denn beim Herrn ist die Huld,
bei ihm ist Erlösung in Fülle.
Ja, er wird Israel erlösen
von all seinen Sünden.

Psalm 130,1–8

Der Ulkar im letzten Sonnenlicht, 7.388 m hoch,
vom Hunzatal aus, Pakistan

Danklitanei für Gottes ewige Huld

Danket dem Herrn, denn er ist gütig,
denn seine Huld währt ewig!
Danket dem Gott aller Götter,
denn seine Huld währt ewig!
Danket dem Herrn aller Herren,
denn seine Huld währt ewig!
Der allein große Wunder tut,
denn seine Huld währt ewig,
der den Himmel geschaffen hat in Weisheit,
denn seine Huld währt ewig,
der die Erde über den Wassern gegründet hat,
denn seine Huld währt ewig,
der die großen Leuchten gemacht hat,
denn seine Huld währt ewig,
die Sonne zur Herrschaft über den Tag,
denn seine Huld währt ewig,
Mond und Sterne zur Herrschaft über die Nacht,
denn seine Huld währt ewig.
Der an uns dachte in unsrer Erniedrigung,
denn seine Huld währt ewig,
und uns den Feinden entriß,
denn seine Huld währt ewig.
Der allen Geschöpfen Nahrung gibt,
denn seine Huld währt ewig.
Danket dem Gott des Himmels,
denn seine Huld währt ewig.

PSALM 136,1–9;23–26

Mein Schöpfer kennt mich durch und durch

Herr, du hast mich erforscht und du kennst mich.
Ob ich sitze oder stehe, du weißt von mir.
Von fern erkennst du meine Gedanken.
Ob ich gehe oder ruhe, es ist dir bekannt;
du bist vertraut mit all meinen Wegen.
Noch liegt mir das Wort nicht auf der Zunge –
du, Herr, kennst es bereits.
Du umschließt mich von allen Seiten
und legst deine Hand auf mich.
Zu wunderbar ist für mich dieses Wissen,
zu hoch, ich kann es nicht begreifen.
Wohin könnte ich fliehen vor deinem Geist,
wohin mich vor deinem Angesicht flüchten?
Steige ich hinauf in den Himmel, so bist du dort;
bette ich mich in der Unterwelt, bist du zugegen.
Nehme ich die Flügel des Morgenrots
und lasse mich nieder am äußersten Meer,
auch dort wird deine Hand mich ergreifen
und deine Rechte mich fassen.

PSALM 139,1–10

Der Nanga Parbat im Himalaja 8.125 m hoch.
Vom Flugzeug aus gesehen.

Lobpreis der Größe und Güte Gottes

Ich will dich preisen Tag für Tag
und deinen Namen loben immer und ewig.
Groß ist der Herr und hoch zu loben,
seine Größe ist unerforschlich.
Ein Geschlecht verkünde dem andern den Ruhm deiner Werke
und erzähle von deinen gewaltigen Taten.
Sie sollen vom herrlichen Glanz deiner Hoheit reden;
ich will deine Wunder besingen.
Sie sollen sprechen von der Gewalt deiner erschreckenden Taten;
ich will von deinen großen Taten berichten.
Sie sollen die Erinnerung an deine große Güte wecken
und über deine Gerechtigkeit jubeln.
Der Herr ist gnädig und barmherzig,
langmütig und reich an Gnade.
Der Herr ist gütig zu allen,
sein Erbarmen waltet über all seinen Werken.

PSALM 145,2–9

Das große Halleluja

Halleluja!
Lobet Gott in seinem Heiligtum,
lobt ihn in seiner mächtigen Feste!
Lobt ihn für seine großen Taten,
lobt ihn in seiner gewaltigen Größe!
Lobt ihn mit dem Schall der Hörner,
lobt ihn mit Harfe und Zither!
Lobt ihn mit Pauken und Tanz,
lobt ihn mit Flöten und Saitenspiel!
Lobt ihn mit hellen Zimbeln,
lobt ihn mit klingenden Zimbeln!
Alles, was atmet,
lobe den Herrn!
Halleluja!

PSALM 150,1–6

INHALT ERLEBTE BIBEL – AUSGEWÄHLTE PSALMVERSE

Bildnachweis: Alle Fotos in diesem Band stammen vom Verfasser P. Damasus Bullmann ofm, mit folgenden Ausnahmen:
Red.-Archiv der Zeitschrift „antonius“: S. 41, 49, 53, 63, 69, 101;
Herr Patzelt, München: S. 95, 99, 103.